'교과서 전통문화 그림책'은 초등 교과서에서 뽑은 전통문화 키워드를 바탕으로,
전통문화와 멀어져 가는 요즘 아이들이 우리 고유의 문화를 접하고 배우고 향유할 수 있도록
재미나고 알차게 꾸민 옹골진 정보 그림책 시리즈입니다.

교과서 전통문화 그림책 1 우리 발효 음료 막걸리
교과서 전통문화 그림책 2 우리 과자 한과
교과서 전통문화 그림책 3 우리 생활도구
교과서 전통문화 그림책 4 우리 장신구
교과서 전통문화 그림책 5 우리 전통 놀이
교과서 전통문화 그림책 6 우리 조미료 장
교과서 전통문화 그림책 7 우리 담장
교과서 전통문화 그림책 8 우리 건축 한옥(근간)

교과서 전통문화 그림책 6 우리 조미료 장

우리 밥상 맛 대장 삼총사 된장·간장·고추장

글 김용안 | **그림** 이광익
펴낸날 2022년 3월 30일 초판 1쇄, 2025년 10월 1일 초판 5쇄
펴낸이 신광수 | **출판사업본부장** 강윤구 | **출판개발실장** 위귀영
아동문학파트 백한별, 정수진, 강별, 정민영 | **출판디자인팀** 최진아, 김리안 | **출판기획팀** 정승재, 김마이, 박재영, 이아람, 전지현
출판사업팀 이용복, 민현기, 우광일, 김선영, 이강원, 허성배, 정유, 정슬기, 정재욱, 박세화, 김종민, 정영묵
출판지원파트 이형배, 이주연, 이우성, 전효정, 장현우
펴낸곳 (주)미래엔 | **등록** 1950년 11월 1일 제16-67호 | **주소** 서울특별시 서초구 신반포로 321
전화 미래엔 고객센터 1800-8890 팩스 541-2549 | **홈페이지 주소** www.mirae-n.com

ⓒ 김용안, 이광익 2022

이 책은 무단으로 전재하거나 복제할 수 없습니다.

ISBN 979-11-6841-110-4 74810
ISBN 978-89-378-2422-7 (세트)

책값은 뒤표지에 있습니다.
파본은 구입처에서 교환해 드리며, 관련 법령에 따라 환불해 드립니다. 다만, 제품 훼손 시 환불이 불가능합니다.

KC 마크는 이 제품이 공통안전기준에 적합하였음을 의미합니다.
사용 연령: 8세 이상

우리 밥상 맛대장 삼총사
된장·간장·고추장

김용안 글 | 이광익 그림

어른들이 좋아하는 우리 장

노릇노릇 두부전은 간장에 콕,
모락모락 흰밥은 된장찌개에 쓱,
아삭아삭 오이는 고추장에 푹!
우리 밥상에는 장으로 만든 음식이 가득해.

아빠는 된장이 그렇게 좋아요?

장 삼총사를 소개할게

된장, 간장, 고추장은 장 삼총사야. 셋 다 '장' 자로 끝나지.
장은 콩을 발효시켜 만든 우리 전통 음식으로,
주로 요리에 넣어 다양한 맛을 내는 조미료로 쓰여.
발효란 곰팡이나 효모 같은 미생물이 음식 재료를 분해해
영양 많고 몸에 좋은 음식으로 만드는 것을 뜻해.

우리 전통 장을 만들려면 콩이 꼭 필요하단 말이지?

안녕! 우린 콩 친구들이야.

이 장독에는 고추장이 들어 있어.

장은 어떤 맛일까?

장맛이 어떻길래 1년 내내 먹었을까?
단풍잎처럼 빨간 고추장은 매운 냄새가 코를 찔러.
한번 콕 찍어 먹어 봐.

은행잎처럼 노란 된장은
구릿한 냄새로 코를 간질여.
한번 쿡 찍어 먹어 봐.

왜 장을 먹었을까?

그저 맛이 좋아 장을 먹은 건 아니야.
흰밥만 먹으면 건강에 빨간불이 들어오거든.
콩은 '밭에서 나는 소고기'라 할 정도로 단백질이 풍부해.
그래서 콩으로 만든 장을 먹어 영양을 보충한 거지.

콩이나 고기에 많은 단백질은 우리 몸을 구성하고 만드는 데 꼭 필요해.

흰밥엔 탄수화물이 많이 들어 있어. 탄수화물은 우리 몸을 움직이는 중요한 에너지원이야.

건강 더 깊이 알기

'영양소'는 우리 몸에 필요한 에너지와 양분이 있는 물질이야. 단백질과 탄수화물, 지방은 우리가 몸을 움직이고 생명을 유지하는 데 꼭 필요한 영양소로, 이 세 가지를 묶어 '3대 영양소'라고 해.

우리 밥상엔 좋은 영양소가 많아.

앞으로는 밥에서 콩 골라내지 말아야지.

지방은 에너지를 내고 우리 몸을 보호하는 역할을 해.

장 삼총사는 찌개와 국, 볶음, 조림, 무침 등 여러 요리에 쓰여. 봄 내음 가득한 냉이 된장국, 색색의 재료에 고추장을 넣은 비빔밥, 간장 넣고 윤나게 조린 간장 전복초까지! 장은 음식의 맛과 향을 더 좋게 해 준단다.

언제부터 장이 좋은 걸 알았을까?

683년, 신라 시대의 신문왕은 왕비를 맞이하면서
신부 집에 쌀, 술, 기름, 꿀, 그리고 장을 보냈어.
우리 민족은 삼국 시대부터 장을 중요하게 여겼던 거야.

신문왕에 대한 기록은 《삼국사기》라는 역사책에 나와.

역사 더 깊이 알기

장에 관한 기록은 아주 많아.

중국 역사책 《삼국지 위지 동이전》에는 고구려 사람들이 장을 담그고 술 빚기를 잘한다는 기록이 있어.

중국 역사책 《신당서》는 발해의 명산품 중 하나로 '메주'를 꼽았어.

조선 시대에는 장을 가장 중요한 음식으로 생각했어.
나라에 장 관리를 담당하는 관청과 벼슬까지 있었고,
집안에선 장맛이 나빠지면 불길한 징조라 여겨서
장독 관리에 정성을 기울였단다.

지금도 집안 맏이가 사는 종갓집 마당에 가면 장독들이 길게 늘어선 풍경을 볼 수 있어.

누나, 중요한 거니까 조심히 받아.

고려의 역사책인 《고려사》에는 고려 왕 현종이 거란의 침입으로 굶주리는 백성들에게 장과 소금을 나누어 주었다는 기록이 있어.

조선의 책 《증보산림경제》에서는 장은 모든 맛의 으뜸이고, 집안의 장맛이 좋지 않으면 아무리 좋은 채소나 고기가 있어도 좋은 음식을 만들 수 없다고 했어.

좋은 콩이 있어야 해

그럼 장 삼총사를 직접 만들어 볼까?
장을 만들려면 먼저 좋은 콩을 사용해야 해.
콩은 색깔이나 조리법 등에 따라 이름과 종류가 다양하지.
장 담그기에 필요한 콩은 노란 메주콩이야.
동글동글 알이 굵고, 삶으면 쉽게 익지.

나는 영양이 풍부한 검은콩!

내가 바로 동글동글 메주콩!

나는 소화에 좋고 몸의 열과 염증을 달래는 녹두!

메주콩을 장콩, 노란콩, 대두라고도 불러.

콩을 갈아 여러 가지 음식을 만들 수 있어.

콩을 갈아 만든 콩국수는 여름을 대표하는 음식이야.

두부전을 간장에 찍으면 더 맛있어.

콩이 처음 자라난 곳은 우리나라 한반도와 만주 지역이야. 덕분에 우리 조상들은 일찍부터 콩을 이용해서 두부나 콩국수 등 다양한 콩 요리를 만들었어. 또 비타민이 풍부한 콩나물을 길러 먹으며 영양을 보충할 수 있었지.

콩 더 깊이 알기

1930년대에 미국은 우리나라가 속한 동아시아의 콩을 조사하고 수집하는 일을 했어. 그때 우리나라에서 수집된 콩은 무려 약 3,379점이었지. 일본에서는 약 579점, 만주에서는 약 513점의 콩이 수집되었어. 역시 '콩' 하면 우리 민족이지?

우리 한반도는 콩의 중심지라 해도 과언이 아니야.

당시 수집된 콩의 약 74퍼센트가 우리나라 콩!

약 13퍼센트는 일본 콩!

약 11퍼센트는 만주 콩!

좋은 소금이 있어야 해

장을 만들려면 소금을 꼭 넣어야 하지.
그래야 상하지 않아 장을 오래 두고 먹을 수 있거든.
질 좋은 소금을 써야 맛 좋은 장이 된단다.
좋은 소금은 미네랄이 풍부해야 해.

난 마그네슘.
칼슘 흡수를 돕고
근육의 움직임을 도와.

난 염화나트륨.
짠맛을 내며 우리 몸의
생명 유지에 꼭 필요해.

난 칼슘. 뼈를
튼튼하게 해.

난 칼륨.
심장 건강과 혈압 조절에
중요한 역할을 해.

소금엔 짠맛만
있는 줄 알았는데
아니었네.

칼슘, 마그네슘,
염화나트륨 같은 미네랄 물질은
우리 몸을 구성하는 데 꼭 필요해.

음식 재료에 소금을 넣으면 나쁜 미생물은 살균 작용으로 힘을 잃고,
음식 맛은 더 좋아지면서 오래 보관할 수 있게 된단다.

배추를 소금에 절이니 배추의 수분이 쫙 빠졌어!

소금으로 저장성을 높인 대표적인 우리 고유 음식이 김치와 장 삼총사란다.

소금 더 깊이 알기

소금은 바다에서 왔어. 바다의 보석이라고도 해.

삼면이 바다로 둘러싸여 있는 우리나라는 질 좋은 소금이 많이 나. 서해 바닷가에는 바닷소금인 천일염을 만드는 염전이 있어.

염전에서는 바닷물을 가둔 뒤 바람과 햇볕으로 물을 증발시키는 방법을 써서 소금 결정을 얻어.

소금 결정을 쓱쓱 밀면 소금이 쌓여. 장을 담글 땐 소금에 녹아 흐르는 짜고 쓴 물인 '간수'를 뺀 천일염을 써야 맛이 더 좋아.

물이 좋아야 해

좋은 물로 담가야 장이 맛있지.
장 담그는 물은 냄새가 나지 않아야 하고
색은 맑고 투명해야 해. 중금속도 없어야 하지.
옛날엔 이런 물을 마시고 사용했대.

옛날 사람들은 달빛과 별빛을 가득 받은 우물에서 새벽에 길어 온 물인 '정화수'를 마셨어.

깊은 산속에 내린 눈이 녹은 물로도 약을 달이고 술을 빚기도 했어.

겨울 눈을 장독에 담아 놓았다가 녹으면 그 물로 장을 담그거나 약물로 썼어.

장독이 좋아야 해

장을 담는 장독도 정말 중요해.
수박이 잘 익었나 두드리듯 장독도 두드려 봐.
통통 맑은 쇳소리가 나야 좋은 장독이야.

1 장을 담그려면 먼저 장독을 물로 깨끗이 씻어.

2 장독의 물기가 마르면 볏짚에 불을 붙여 장독에 넣어 봐. 깨지거나 금이 간 부분이 있으면 연기가 새어 나올 거야.

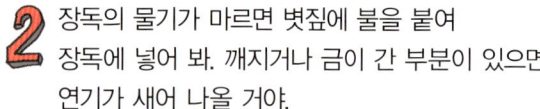
엇! 깨진 곳 찾았다!

3 달군 참숯과 꿀을 장독에 넣으면 소독도 되고 좋은 향이 나게 돼.

참숯아, 나쁜 물질은 없애고 장맛은 좋게 해 주렴.

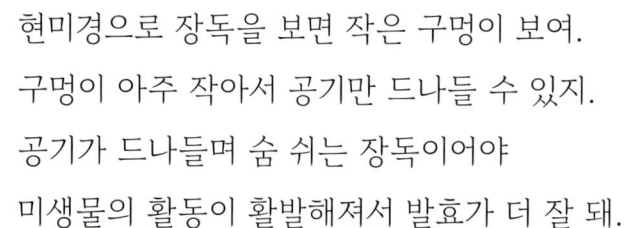

현미경으로 장독을 보면 작은 구멍이 보여.
구멍이 아주 작아서 공기만 드나들 수 있지.
공기가 드나들며 숨 쉬는 장독이어야
미생물의 활동이 활발해져서 발효가 더 잘 돼.

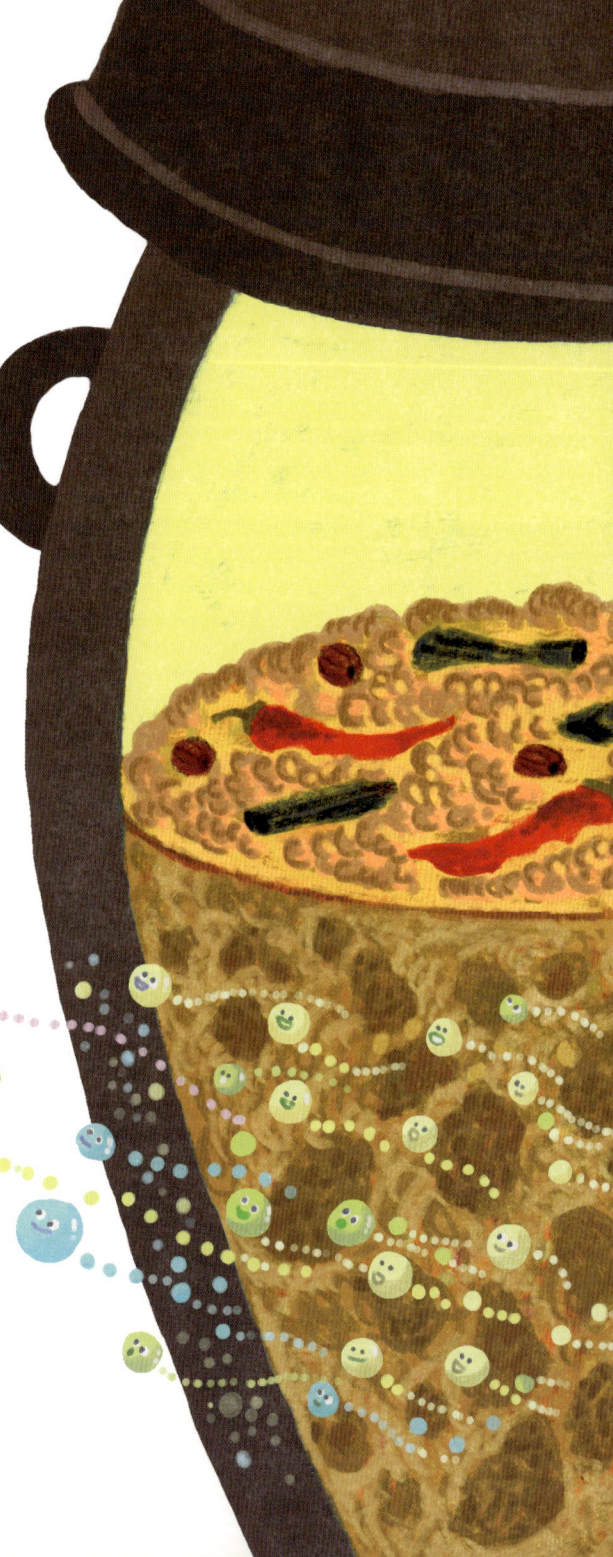

장독의 생김새도 지역마다 조금씩 달라.
북쪽 지역 장독은 주둥이가 넓고
배 부분은 날씬해.

북쪽으로 갈수록 춥고 기온도 낮아지기 때문에
최대한 햇볕을 많이 받아 발효가 잘 되도록 한 거야.

남쪽 지역 장독은 주둥이가 좁고
배는 더 불룩해.

남쪽으로 갈수록 덥고 기온도
높아지니 수분이 날아가거나
나쁜 균이 번식하는 걸 막기 위해서야.

콩으로 먼저 메주를 만들자

그럼 장을 한번 담가 보자.
장을 담그려면 메주가 있어야 해.
김장이 끝나고 난 싸늘한 늦가을에 메주를 만들면
나쁜 균이 번식하지 않고 발효가 잘 돼.

3 찧은 콩을 둥글거나 네모난 모양으로 빚어 메주를 만든 뒤, 잘 식히고 말려.

1 콩을 씻어서 물에 푹 불려. 콩이 통통하게 불었지?

내가 어렸을 땐 삶은 콩을 자루에 넣고 발로 밟아 으깨기도 했지.

너무 오래 찧으면 메주에 공기가 안 통하거든.

2 불린 콩을 솥에 넣어 보글보글 삶은 뒤 절구에 넣고 콩콩 찧어. 너무 오래 찧으면 안 돼.

볏짚에 사는 '고초균'이 메주의 발효를 도와줘.

4 이젠 메주 띄우기, 즉 발효시킬 차례야. 따뜻한 방에 볏짚을 깔고 메주를 올린 뒤 보름 정도 띄워 줘. 지역에 따라 메주를 방에 매달아 띄우기도 해. 그럼 메주에 흰 구름 같은 곰팡이가 펴.

흰곰팡이, 노란곰팡이 등 여러 곰팡이도 함께 메주를 발효시켜.

5 메주가 잘 뜨면 볏짚으로 엮어 방 안이나 선반에 매달아 놓았다가 이듬해가 되면 햇볕에 말려.

6 겨우내 말린 메주의 먼지를 잘 털어 내고 닦으면 장 담글 준비 끝!

장 담그기 전에는 조심조심

우리 조상들은 장 담그기 전에
몸가짐과 행동을 무척이나 조심했어.
옛날에 장을 담글 땐 목욕을 깨끗이 하고
집안을 지키는 신에게 제사를 지냈어. 밥상 위에
메주 한 덩이와 소금, 고추를 올려놓고 빌었지.

비나이다, 비나이다.
잡귀는 물리치시고
우리 장맛은 지켜 주세요.

장 담그는 정성이
정말 대단했구나.

장을 담글 때에는
조심해야 할 것들이 많았어.

강아지가 말썽을 부려도
야단치거나 꾸짖지 않았어.

어이구, 바둑아.
장 담그는 날이라
오늘만 봐준다.

이크! 조심, 조심!
밟으면 큰일 나지.

아무리 작은 벌레라도
함부로 죽이지 않았어.

장 담그기 며칠 전에는
외출하는 것을 꺼렸어.

장을 담그고 한동안은
장례를 치른 집에
가는 것도 꺼렸어.

하지 말아야 했던 것들이 참 많지? 그만큼 우리 조상들은
장 담그기를 무척 중요한 행사로 여겼단다.

메주로 장을 담그자

아직 추위가 가시지 않은 이른 봄인 2월에서 3월 무렵이 장을 담그기 좋을 때야. 된장을 담그면서 간장도 함께 만든단다. 고추장도 빠져선 안 되지. 장 삼총사니까.

장독 입구에 망을 덮어야 나뭇잎이나 벌레가 들어가지 않겠네.

햇볕도 잘 받아야 곰팡이가 덜 피고 장맛이 좋아.

1 메주를 물로 깨끗하게 씻어서 잘 말려 줘.

2 말린 메주를 장독에 넣은 뒤 베 보자기를 깔고 소금물을 부어. 여기에 대추와 붉은 고추를 퐁당, 달군 숯을 풍덩 띄워 줘.

3 장이 햇볕을 받아 발효가 잘 되도록 양지바른 곳에 장독을 두고 낮에는 뚜껑을 열고 밤에 닫아 줘.

4 약 40일에서 60일 정도 숙성시킨 뒤 장독에서 간장으로 숙성된 간장물과 메주를 분리해. 그다음 메주를 으깨 장독에 담고 소금 뿌린 뒤 숙성시키면 맛있는 된장이 돼.

장독에서 메주를 건져 간장과 된장을 각각 만드는 것을 '장 가르기'라고 한단다.

간장물을 달이지 않고 그냥 먹기도 해.

5 간장물은 잘 달여서 식힌 뒤 장독에 붓고 숙성시키면 맛있는 간장이 돼.

 간단 고추장 만들기는 어렵지 않아.

고추장 더 깊이 알기

요즘은 고추장을 간단하게 만들기도 해. 엿기름물에 찹쌀가루를 넣고 뭉근하게 끓여. 그리고 찹쌀가루가 삭아 말갛게 되면 약한 불로 졸여. 엿기름은 보리나 밀의 싹을 틔운 뒤 말린 거야.

잘 식힌 다음 메줏가루와 고춧가루를 넣고 조청도 넣어서 섞어 줘. 물과 소금으로 농도와 간을 맞춘 뒤 장독에 담아서 숙성시키면 맛있는 고추장이 돼.

장맛을 지켜야 해

장 삼총사를 장독에 넣었으니 다 끝난 것 같지?
아니, 천만의 말씀! 이젠 장맛을 지켜야지.
우리 조상들은 장독에 금줄을 걸었어.
고추랑 숯, 청솔가지로 금줄을 장식하고
고추와 대추, 숯을 장독 안에 넣었어.

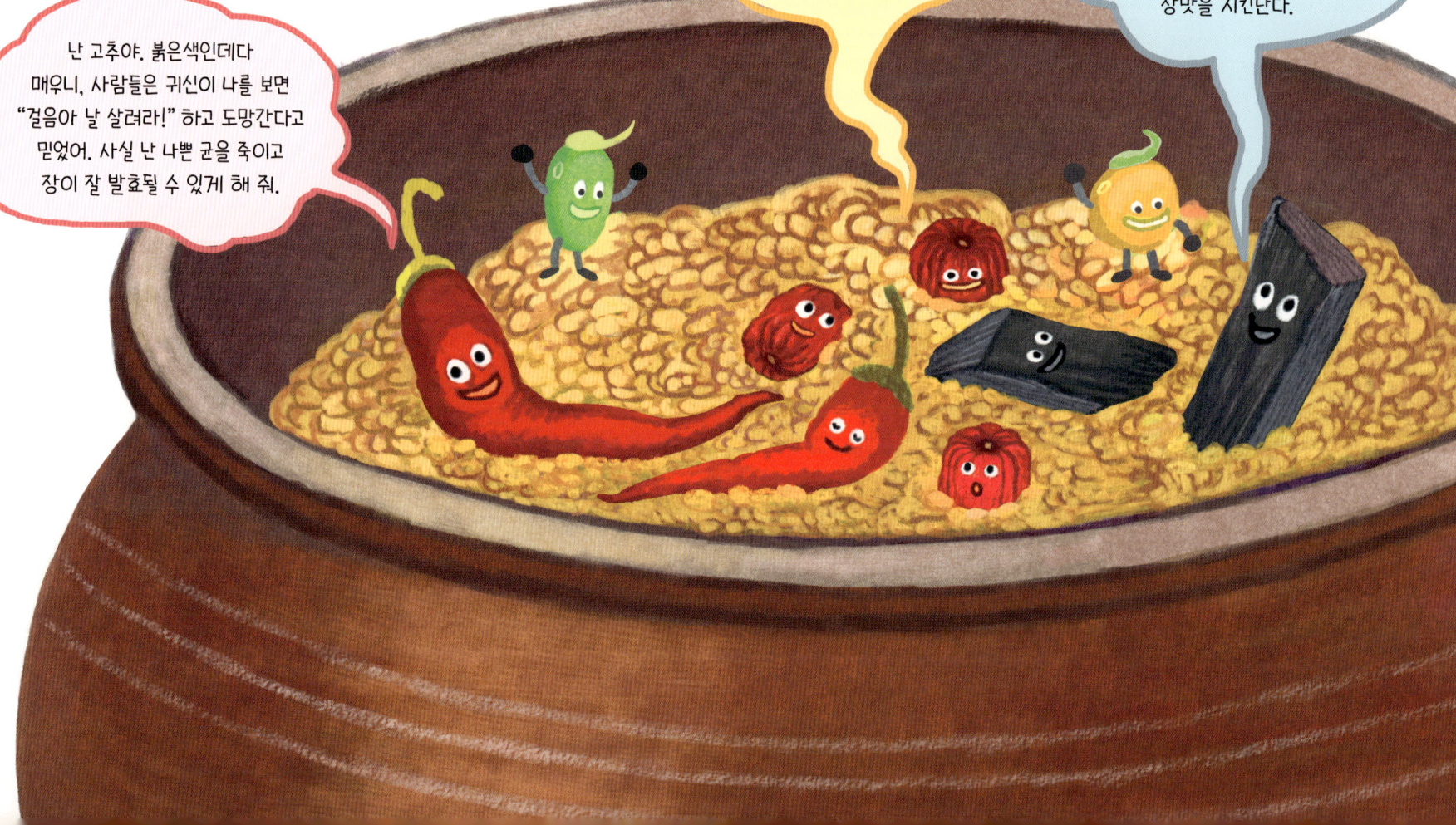

난 고추야. 붉은색인데다 매우니, 사람들은 귀신이 나를 보면 "걸음아 날 살려라!" 하고 도망간다고 믿었어. 사실 난 나쁜 균을 죽이고 장이 잘 발효될 수 있게 해 줘.

난 말린 대추야. 사람들은 내가 붉은색을 싫어하는 귀신을 막아서 장맛이 변하지 않게 한다고 믿었지. 사실 난 장맛을 달게 해 준단다.

난 숯이야. 사람들은 귀신이 오면 내가 숯 구멍에 귀신을 꽁꽁 가둔다고 믿었지. 사실 난 나쁜 균과 곰팡이를 빨아들여 장맛을 지킨단다.

장독대도 돌봐야 돼

장이 잘 발효되도록 장독과 장독대도 보살펴야 해.
장독대는 장독을 돌보려고 살짝 높게 만들어 놓은 곳이야.
발효가 잘 되지 않으면 장에 변화가 거의 없거나,
발효가 너무 많이 되면 장이 썩을 수도 있거든.

장독대에서 칠성신을 모시기도 했어.
칠성신은 북두칠성 일곱 신을 말해. 우리 조상들은
장독대에 정화수를 떠 놓고 칠성신에게 평안을 빌었지.

장독은 자주 닦아 깨끗하게 해야 해.
그래야 나쁜 균이 들어오지 않고
좋은 미생물이 잘 활동할 수 있거든.

장독 닦는 행주는 반드시 물기를 꼭 짜서 닦아 줘.

우리 가족이 평안하도록 칠성신께 비나이다.

장독대는 햇볕이 잘 들고 바람이 잘 부는 집 동쪽에
돌로 단을 쌓아 평지보다 높게 만들었어.

된장은 특히 우리 몸에 좋아

콩은 우리 몸에 좋은 음식이야. 특히
콩을 발효시켜 된장으로 만들면 몸에 더 좋지.
영양이 더 많아지고 소화와 흡수도 잘 되거든.
된장의 장점을 다 말하려면
밤을 새야 할지도 몰라.

된장은 우리 몸의 노화 현상을 막고 두뇌 발달에 도움을 줘.

된장은 혈관을 튼튼하게 하고 혈압이 높아지는 것을 예방해.

우리의 장은 지금

국경을 넘나들며 전 세계 음식을 즐길 수 있게 된 요즘.
우리 한국 음식인 K-푸드에 대한 관심이 높아지면서
장이 다시금 새롭게 각광받게 되었어.
만들기 간편하고 맛과 향이 새로운 장 소스도 늘어났지.

하지만 오랜 시간 정성을 들인 전통 방식의 장,
구수한 전통 장의 옛 맛과는 점점 멀어지고 있는 것 같아.
우리 음식이 널리 사랑받는 것은 좋지만,
영양 풍부한 전통 장맛이 잊혀져 가는 건 아쉬워.

장에 담긴 것

우리 장은 어떤 음식일까?
봄에 씨앗 뿌려 다음 해에 먹으니까 느림보 음식이야.
미생물과 햇볕, 바람이 만드는 자연의 음식이기도 해.
가족을 위해 오랜 시간 정성 들여 만드니 사랑의 음식이지.
긴 세월 우리 민족의 입맛과 정서, 삶의 지혜가 담긴
우리 장맛을 잊지 말고 꼭 기억했으면 해.

글 김용안

충북대학교 사범대학을 졸업하고 중학교에서 오랫동안 국어를 가르치다가 어린이책의 매력에 빠져
지금은 아이들이 신나게 읽을 수 있는 이야기를 열심히 쓰고 있습니다. 꽃, 나무, 새, 수달, 고양이, 곰 등과 친구하며
그들과 이야기를 나누는 날을 꿈꾸고 있습니다. 지은 책으로 《지구의 마지막 낙원》《수달이 오던 날》
《천년 지혜가 담긴 우리 음식 이야기》《시금털털 막걸리》《도서관 생태마을에 삽니다》《고양이 이빨》들이 있습니다.

그림 이광익

대학에서 시각디자인을 공부하고 그림 그리는 게 좋아 그림책 만드는 일을 하게 되었습니다.
오랫동안 전해 내려오는 우리 것과 자연에 관심이 많아 재미있는 이야기들을 찾아내 만들고 그리고 있습니다.
그린 책으로 《뚜벅뚜벅 우리 신》《은표주박 하나 주워서》《서울의 동쪽》《천년의 도시 경주》《경복궁에 간 불도깨비》
《장수되는 물》《달에서 봤어!》《지켜라, 조선왕조실록》들이 있습니다.